MÁRCIO SELIGMANN-SILVA

TODA COMUNIDADE É FASCISTA? UM ELOGIO DO NOMADISMO

CADERNOS ULTRAMARES

ORGANIZAÇÃO E PROJETO GRÁFICO
Marcos Lacerda, Ana Paula Simonaci e Sergio Cohn

CONSELHO EDITORIAL
André Botelho

Bernardo Esteves

Boaventura de Souza Santos

Evelyn Goyannes Dill Orrico

Fréderic Vanderberghe

José Luis Garcia

Maria João Cantinho

Renato Rezende

Teresa Arijón

Vagner Amaro

ISBN 9786586962598

azougue press |
coordenação geral Sergio Cohn
coordenação editorial
Sergio Cohn — Darien Lamen — Cristián Jiménez Plaza
Brasil | CNPJ 12.272.339/0001-26
Portugal | Oca Editorial NF 515805394
USA | E. Id. 803650511
Chile | Tucán Ediciones RUT 77.369.106-1

A proposta dos Cadernos Ultramares é transpor fronteiras. Não apenas geográficas, com a edição de um amplo panorama do pensamento brasileiro para o público português, mas também entre as áreas do saber, criando uma coleção transdisciplinar, acessível não apenas para leitores especializado, pesquisadores e acadêmicos, como para interessados em geral.

Para isto, os Cadernos Ultramares privilegiam a leveza do ensaio, a "brigada ligeira", utilizando-se de um gênero marcado pela abertura e experimentação, uma forma privilegiada para a proposição e a apresentação de interpretações da cultura e da sociedade. Nos últimos anos, o gênero ensaio tem sido revalorizado como um importante meio de diálogo entre a pesquisa acadêmica e a sociedade.

O Brasil possui uma produção riquíssima de pensamento em diversas áreas, que vão da física à antropologia, da matemática às artes. Os Cadernos Ultramares, ao trazerem importantes textos de alguns dos nossos mais renomados pensadores, sejam clássicos ou contemporâneos, busca possibilitar ao leitor um olhar amplo e qualificado sobre essa produção.

Interessa-nos a constituição de um diálogo entre áreas, de uma conversa aberta que escape das armadilhas do pensamento especializado e do produtivismo acadêmico. Interessa, antes de tudo, a valorização do encontro do leitor com o sabor do texto, do prazer da leitura e da troca livre de pensamento.

apresentação

POR ana PauLa SiMONACi

Marcio Seligmann-Silva (1964) é professor de Teoria Literária da Unicamp-SP. Com uma trajetória marcada pela consistência intelectual e pela inquietude, Márcio desdobra suas pesquisas em diferentes áreas do conhecimento, como literatura, crítica da cultura, história, filosofia e psicanálise. É considerado um dos grandes divulgadores da obra de Walter Benjamin no Brasil, tendo traduzido em 1993 o seu livro *O conceito da crítica no romantismo alemão* e publicado livros importantes sobre a sua obra, como *Ler o livro do mundo. Walter Benjamin: romantismo e crítica poética*, de 1999. Em 2006, ganhou o prêmio Jabuti pelo livro *O local da diferença — Ensaios sobre memória, arte, literatura e tradução*. É organizador de diversos volumes de ensaios, como *Palavra e Imagem, Memória e Escritura* (Argos, 2006), *Escritas da Violência vol. I e II* (7Letras, 2012, em parceria com Jaime Ginzburg e Francisco Foot Hardman) e *Imagem e memória* (UFMG, 2012, em parceria com Elcio Loureiro Cornelsen e Elisa Amorim Vieira). Como tradutor, verteu obras de G. E. Lessing, Philippe Lacoue-Labarthe, Jean-Luc Nancy e J. Habermas, entre outros.

Em entrevista realizada para Sabrina Costa Braga e editada na *Revista de Teoria e História* da UFG em 2018, Márcio revisita sua trajetória: "Meu percurso foi marcado pelo momento em que entrei na PUC de São Paulo para estudar História. Era 1982 e estávamos em plena ditadura civil-militar. Vivi na universidade a luta pela redemocratização. Nesse curso também me interessei por teoria e filosofia da história e meu autor de predileção, por inspiração do meu professor Nicolau Sevcenko, já era Walter Benjamin. Daí ter optado por fazer meu mestrado sobre a obra desse autor no curso de Alemão na USP e, depois, meu doutorado em Berlim, sob a orientação de Winfried Menninghaus, reconhecido na época como um dos principais intérpretes da obra de Benjamin. Já paralelamente ao meu mestrado, eu havia traduzido o livro de Benjamin *O conceito de crítica de arte no romantismo alemão* (publicado pela editora Iluminuras), depois organizei e editei outras obras dele para editoras como a Brasililense e a L&PM. A partir de sua visão de história e de minha experiência no contexto brasileiro e depois alemão minha atenção se voltou cada vez mais para tentar formular para nosso presente uma base teórica possível de sustentar uma pesquisa engajada de modo crítico e voltado para uma mudança social. Nesse sentido que desenvolvi, partindo dos estudos que fiz em Berlim sobre a *Shoah*, uma teoria do testemunho que inicialmente foi pensada como aplicada à cultura de sociedades em situação pós-conflito. Com o amadurecimento de meu trabalho, passei a pensar a cultura em seu elemento testemunhal, tentando definir o que consiste esse elemento e como ele se expressa em diferentes contextos. Se toda sociedade carrega em si o seu 'estado de exceção' e, portanto, relações de classe regidas pela violência, o testemunho desse estado de exceção se faz presente em toda parte. Trata-se de nos educar para olhar a sociedade do ponto de vista dessa história da violência, que normalmente é inscrita apenas com muita dificuldade e contra muitas resistências, seu apagamento e naturalização."

A trajetória intelectual de Márcio Seligmann-Silva sempre uniu uma reflexão consistente com uma preocupação política. Como ele mesmo diz, em entrevista de 2010 para Márcia Tiburi: "Todo trabalho intelectual é político. Temos que pensar mais profundamente sobre isto. O desafio é delinear melhor nossas responsabilidades nesse mundo que ganha em complexidade e no qual o saber, cada vez mais, é uma marca do poder. Isso é bom, pois até há pouco o que contava era quase que exclusivamente a força bruta, por exemplo, o número de bombas atômicas estocadas por cada país. Hoje, o *software* tem um valor superior ao *hardware*. Isso está gerando uma revolução cultural e geopolítica. O produtor de *software* depende de pesquisas e estas cada vez mais podem ser feitas em qualquer lugar. Trata-se de uma mudança que quebra a tradição hierárquica multissecular que separava as metrópoles dos países 'periféricos'. Agora o centro pode estar em qualquer lugar. Assistimos, portanto, a diversas rupturas: das disciplinas, dos locais de produção de saber e também das faculdades do conhecimento. A imaginação — antes submetida, ao menos desde o iluminismo, às faculdades consideradas mais nobres da razão e do entendimento — pede passagem".

O ensaio aqui reproduzido foi realizado à partir da participação no colóquio "Itinerários da Comunidade. Arte, política, literatura, filosofia", organizado por João Camillo Penna e Ângela Maria Dias na Faculdade de Letras da UFRJ, em 2011, e publicado originalmente no livro resultante *Comunidades sem fim*. Na apresentação do volume, Camillo Penna lembra que "o debate sobre a noção de comunidade foi relançado por Jean-Luc Nancy, em 1982, retomando exatamente o fio da discussão proposta por Bataille sobre a comunidade e interpelando, por seu turno, nos anos seguintes, a intervalos variáveis, Maurice Blanchot, Giorgio Agamben e Roberto Esposito, para ficar apenas nos nomes mais célebres. A comunidade desses textos transcorre durante o período de 15 anos: *A comunidade inoperante* (*La communauté désoueuvrée*, 1983, 1986), de Nancy; *A comunidade inconfessável* (*La communauté inavouable*, 1983), de Blanchot; *A comunidade que vem* (*La comunità che viene*, 1990), de Agamben; *Communitas. Origem e destino da comunidade* (*Communitas: Origine e destino dela comunità*, 1998, 2000), de Esposito. O pretexto do ensaio de Nancy é o desmantelamento dos regimes do chamado 'comunismo real', da cortina de ferro, em uma crise sistêmica que desembocará na queda do muro de Berlim em 1989 e na dissolução da União Soviética, em 1991. Completava-se então um ciclo particularmente desastroso de efetuações políticas da comunidade, que conhecemos sob a forma de diversos fascismos (o nazismo e o fascismo italiano sendo apenas algumas de suas variantes) e comunismos, i. c., os regimes do 'comunismo real', a partir de um horizonte do que Hannah Arendt designou como totalitarismo".

Estando de acordo com o tom provocativo presente no título, Márcio Seligmann-Silva utiliza o tema proposto para explicitar alguns dos seus perigos estruturais, realizar uma crítica da comunidade e fazer um elogio do nomadismo. Para isso, perfila a obra de autores de diversos tempos, de Platão e Aristóteles a Ferdinand Tönnies, Freud, Benjamin, René Girard e Vilém Flusser. O resultado é mais do que instigante: em um ensaio denso e belamente escrito, defende o poder transformador da experiência intelectual nas perspectivas individuais e na construção da liberdade: "se os intelectuais possuem ainda algum papel nos processos de circulação cultural, deve ser este de promover a diferença e a desconstrução das entidades identitárias sacralizadas".

TODA COMUNI-DADE É FASCISTA? UM ELOGIO DO NOMADISMO

"Comunidade"

Somos cinco amigos, certa vez saímos um atrás do outro de uma casa, logo de início saiu o primeiro e se pôs ao lado do portão da rua, depois saiu o segundo, ou melhor: deslizou leve como uma bolinha de mercúrio, pela porta, e se colocou não muito distante do primeiro, depois o terceiro, em seguida o quarto, depois o quinto. No fim estávamos todos formando uma fila, de pé. As pessoas voltaram a atenção para nós, apontaram-nos e disseram: "os cinco acabaram de sair daquela casa". Desde então vivemos juntos, seria uma vida pacífica se um sexto não se imiscuísse sempre. Ele não fez nada, mas nos aborrece, e isto basta: por que é que ele se intromete à força onde não querem saber dele? Não o conhecemos e não queremos acolhê-lo. Nós cinco também não nos conhecíamos antes e, se quiserem, ainda agora não nos conhecemos um ao outro; mas o que entre nós cinco é possível e tolerado não o é com o sexto. Além do mais somos cinco e não queremos ser seis. E se é que esse estar junto constante tem algum sentido, para nós cinco não tem, mas agora já estamos reunidos e vamos ficar assim; não queremos, porém, uma nova união justamente com base nas nossas experiências. Mas como é possível tornar isso claro ao sexto? Longas explicações significariam, em nosso círculo, quase uma acolhida, por isso preferimos não explicar nada e não o acolhemos. Por mais que ele torça os lábios, nós o repelimos com o cotovelo; no entanto, por mais que o afastemos, ele volta sempre.

Franz Kafka

Pensar a questão da vida em comum é um imperativo do qual nunca poderemos nos furtar. O ser humano é um ser social. Da horda primeva (pensada por

Darwin e Freud) às complexas sociedades modernas, da vida eremita (mas nunca absolutamente isolada) à vida nas megalópoles, somos humanos enquanto seres sociais. Sem um "outro", um igual e diferente ao mesmo tempo, não podemos conceber a humanidade. Desde Maurice Halbwachs tem-se enfatizado que a memória é antes de mais nada coletiva. Na verdade toda hominização, que inclui a linguagem, só existe com a vida em comum. Somos nos identificando e diferenciando de outros. As robinsonadas, que pontuam a modernidade, não fazem mais do que reafirmar o nosso essencial ser social: Crusoé precisa de um Sexta-Feira. Mas existem infinitas modalidades da vida em comum e na modernidade, ao menos desde Rousseau, tem-se enfatizado a ideia de uma comunidade pacífica e harmônica em oposição à vida em sociedade, que seria mais urbana e marcada por indivíduos sem capacidade de compaixão e amor ao próximo. Esses seres "egoístas" seriam a encarnação da lógica economicista inerente ao capitalismo. Walter Benjamin em sua teoria da narração e de sua impossibilidade na modernidade ecoa esse tipo de pensamento nostálgico. Ao equacionar narrativa, a vida no campo, o artesanato e a continuidade da tradição, Benjamin apresentava um tipo de pensamento que se tornara um lugar comum desde o romantismo e se transformara em moeda corrente tanto entre pensadores conservadores de direita como de esquerda. Proponho refletir aqui sobre o porquê dessa força da ideia de comunidade, que fez com que se erigisse um verdadeiro tabu em torno de sua crítica. Afinal, nas humanidades, desde o final do século XIX, tornou-se quase um dogma aceitar que a comunidade é melhor do que a sociedade. Para pensar sobre isso proponho que iniciemos com um arrazoado, em forma de algumas teses pontuais, em torno do tema comunidade. Essas teses não serão todas discutidas pontualmente ou comprovadas aqui, mas sugiro que elas funcionem como um portal para essa reflexão sobre a comunidade:

1) A ideia de comunidade é um derivado e um resto da ideia de expulsão e queda de uma totalidade e de um absoluto originários.

2) De um modo geral, as profecias e os profetas da comunidade são bem-vindos porque tocam em um arquétipo psico-social, já que, de certo modo, todos indivíduos e grupos sociais anseiam pela "restauração" da "totalidade perdida".

3) Podemos pensar na história das utopias e na recente história da ideia de comunidade como tentativas de suplementar essa queda, quer pela via da razão, quer pela do amor.

4) Em termos psicanalíticos, podemos ver na comunidade a tentativa de restituição de nosso narcisismo primário. Outra possibilidade é pensa-la como a desejada (re-)fusão com a mãe-natureza: em ambos os casos a comunidade representa algo psicologicamente e emocionalmente muito precioso.

5) Toda comunidade está a um passo de ser fascista, pois ela (mesmo a comunidade estabelecida a partir do "amor") se estrutura pela lógica da identificação e exclusão.

6) Com Freud de "Para além do princípio do prazer", podemos pensar na tendência à comunidade como uma tendência à regressão ao estado inanimado que é regido por Tânatos. Essa pulsão de morte, que Freud detecta no indivíduo e na cultura, se manifesta não só nas guerras, mas também na tendência à organização em grupos. Essa última tendência está na origem da criação tanto das comunidades, como das massas. A comunidade não é só um resultado do amor, mas também da pulsão de morte. Se na comunidade pensada tradicionalmente temos dificuldade em perceber seu elemento "purista", na massa, como modo moderno de comunidade, dormita claramente o perigo da comunidade fascista.

7) Como a comunidade tem algo de "primordial", *re-*

sistimos à crítica das comunidade. O crítico da comunidade tende a ser visto como um profanador de objetos sagrados. Os românticos (e, antes deles, Rousseau) reativaram a ideia de uma comunidade (com seus avatares anteriores, da ideia de paraíso à de país de cocagna) que se tornou um *locus amoenus* da teoria social. Mas, por outro lado, eles também abriram o caminho para a *crítica da razão utópica* (no sentido das teorias racionalistas de suplementação da suposta "queda"; cf. Seligmann-Silva 2009). Cabe agora levar a cabo a crítica da comunidade.

8) A crítica da comunidade não significa abrir mão da reflexão sobre a vida em comum e sua necessidade, muito pelo contrário. O ser humano é e está condenado a ser um *zoom politicon*. A crítica da comunidade deve ser encarada como uma *tarefa infinita*, tão prioritária quanto as tentativas de construir a vida em comum. Trata-se também aqui de um *double-bind*: a comunidade deve ser vista como tarefa necessária e impossível. É dever da crítica defender essa abertura e impossibilidade e, assim, impedir que a comunidade se torne uma figura do fascismo. Só a comunidade em construção pode abrigar o indivíduo sem asfixia-lo sob as amarras da igualdade e da fraternidade.

No *Banquete* de Platão lemos algumas passagens que defendem a relação entre o amor e a vida comunitária feliz. Fedro, em sua fala, afirma que uma pessoa que ama nunca deixaria de socorrer no perigo àquele que ele ama. O amante se dispõe a morrer no lugar do amado. Alceste que deu a vida no lugar do marido, Admeto, rei de Feras, teria feito os pais de seu marido parecerem meros estranhos com relação ao filho. O amor seria, portanto capaz de estabelecer um elo de solidariedade mais forte do que a pertença a uma mesma família. (Platão 2010, 44) Na verdade o amor, assim como a compaixão, cria laços que fazem com que os de fora se transformem em *estranhos* e não dignos de amor ou compaixão. Esse, já adianto, é o poder e o calcanhar de Aquiles de toda teoria política que pretende estabelecer a comunidade e seus laços a partir do amor ou da compaixão No que segue tentarei mostrar isso a partir de uma passagem por alguns capítulos da história do pensamento. Essas passagens elejo de modo um tanto arbitrário, mas a ideia é apresentar a necessidade da crítica da comunidade, já que essa crítica tende a ser vista como profanação e sacrilégio e, no entanto, ela é necessária e urgente.

Ainda no *Banquete*, Pausânias afirma que a amizade e a comunidade nascem do amor e pode inclusive pôr abaixo governos tirânicos (2010, 48). Na fala de Agaton ficamos sabendo que Eros, quando passa a imperar entre os deuses, leva a eles paz e amizade e acaba com o ciclo de violências. (2010, 66) Eros não cometeria injustiça e seria inatingível pela violência. (2010, 67) O reino de Eros, podemos pensar, seria a comunidade perfeita. Mas o problema aqui é duplo: primeiramente, só faz parte dessa comunidade os amados. Por outro lado, esse modelo faz pensar na família como protofenomeno da comunidade. Mas após as profundas transformações da esfera privada e seu abalo pela instrumentalização de nossos corpos em função do trabalho, o lar passou a ser visto não mais como lugar de aconchego, mas sim como o *Unheimlich* (sinistro) e de modo algum vemos nele e na relação amorosa em seu centro um espaço de felicidade comunitária. Desde o século XIX a literatura tomou para si o papel de revelar esse lado inquietante do lar e da família.

Como se vê a partir desse brevíssimo comentário do *Banquete*, a teoria da compaixão de Aristóteles pode nos fornecer pistas importantes para a crítica da comunidade que almejo aqui. Ocorre que a compaixão é vista como uma espécie de cimento fundamental da vida em comum. Se na Antiguidade predominou uma desconfiança crítica (estoica) com relação a esse sentimento, desde o nascimento do cristianismo ele foi colocado no centro do pensamento político, ou, melhor dizendo, na base do pensamento teológico--político. Mas não nos iludamos: *no núcleo da lógica da compaixão encontra-se o espetáculo do sacrifício.* Para se construir a comunidade compassiva necessita-se de um sacrifício. E ninguém melhor do que Aristóteles para apresentar essa lógica sacrificial da compaixão, ainda que esse aspecto não esteja tão claro em seus textos. Detenhamo-nos por agora na sua *Poética*. Cito a sua conhecida definição da tragédia, onde o par conceitual *Éléos* e *Phobos* tem um papel fundamental:

> É pois a tragédia imitação [*mímesis*] de uma
> ação de caráter elevado, completa e de certa

---

1 Neste passo sobre Aristóteles retomo resumidamente um capítulo de meu livro *Para uma crítica da compaixão* (Ed. Lumme, 2009).

extensão, em linguagem ornamentada e com
as várias espécies de ornamentos distribuídas
pelas diversas partes [do drama], [imitação
que se efetua] não por narrativa, mas median-
te atores, e que, suscitando o terror [*phobos*] e
a piedade [*éléos* = compaixão], tem por efeito a purificação [*kátharsis*] dessas emoções.
(Poética 1449b; Aristóteles 2003, 110)

A catarse das emoções trágicas indica a necessidade de uma certa *disciplina* do cidadão que deve, via
esta catarse artística (levando em conta a tragédia e a
música, esta última sendo o exemplo da *Política*), eliminar um excesso perigoso do terror e da compaixão.
Aristóteles pode ser contado, portanto, entre os críti-
cos da compaixão. No entanto, sua teoria da tragédia
e da catarse mostra como ele soube como poucos va-
lorizar o dispositivo trágico como um meio de formação dos cidadãos e de controle das suas disposições
naturais.

É importante destacar, com os tradutores france-
ses da *Poética*, Roselyne Dupont-Roc e Jean Lallot, que
na tragédia existe um efeito de prazer (*édoné*) advindo
da substituição do sofrimento que é apresentado, por
algo positivo. Esta metamorfose é a marca da catarse
e do dispositivo trágicos. Mas para esta metamorfo-

se acontecer é necessário entender o jogo que se dá na psicologia do espectador, derivado justamente das paixões de compaixão e do terror. Observemos então mais de perto o texto de Aristóteles para tentar entender como ocorre esta captura do espectador a partir deste magnetismo criado pelas paixões. Mais do que apenas uma questão de estética, já contemplamos aqui plenamente os desdobramentos políticos do dispositivo em questão.

Isto fica claro quando nos debruçamos sobre o conceito de compaixão. O herói trágico é descrito por Aristóteles como alguém nem "muito bom", nem como um "malvado": nestes casos não se atingiria o efeito trágico, pois a passagem para a desdita de alguém muito bom geraria "repugnância" (*miaron*) e a de alguém malvado é vista como merecida: é compatível, diz Aristóteles, com nossa *philantropia* (ou seja, com nosso sentimento de equidade/justiça entre as pessoas) mas não gera nem terror nem piedade. A passagem do malvado da desdita para a felicidade, seria contrária a nossa *philantropia* e tampouco seria trágica. Concluindo este raciocínio, o filósofo afirma: "Resta, portanto, a situação intermediária. É a do homem que não se distingue muito pela virtude e pela injustiça; se cai no infortúnio, tal acontece, não porque seja vil e malvado, mas por força de algum erro

[*amartia*]...” (1453a; 2003, 7ss.) É este “não distinguir-
-se” do protagonista que permite a *identificação* com
ele. O “erro trágico” é fundamental, pois se diferencia
do *atikema* (inadvertência ou, em inglês, *misfortune;*
Aristóteles 1991: 147) e dos delitos, que são calculados
e com má intenção. O *amartema* seria a mais trágica
das situações e a que justamente permite nos apro-
ximar, identificando-nos com a situação (trágica) do
protagonista. Sem essa identificação não pode haver
nem compaixão, nem terror (pois o terror, na tragédia, é também compassivo).

A compaixão, lemos na definição mínima mas essencial da *Poética*, “tem lugar a respeito do que é in-
feliz sem o merecer, e o terror [ou medo], a respeito
do nosso semelhante desditoso”. (1453a 1) Este “nosso semelhante” constitui peça fundamental da argu-
mentação: o dispositivo trágico revela-se, com essa
noção, como um meio de *construção e de formação
do próprio.* No centro do processo trágico espreita
um mecanismo de criação de *tipos* que tanto agrega
os “iguais”, como permite a *exclusão do “diferente”.*
Trata-se, evidentemente, de um dispositivo comple-
xo, que não necessariamente impede que criemos o
“próprio” mesmo quando estamos diante do espetáculo trágico de um “outro”. Portanto, se o conceito
de “purificação” e o de “pureza” rondam como um

espectro este dispositivo é também porque ele é este meio de traçar identidades grupais.[2] Não por acaso as ações catastróficas por excelência, que devem ser imitadas pelo poeta trágico, são descritas por Aristóteles como as que envolvem a luta entre amigos e familiares. (1453b15) Daí notarmos nas tragédias a tendência para a apresentação da história de certas famílias, como a dos Labdácidas. Isto não apenas torna mais facilmente compreensíveis e terríveis as ações, como o mostra Aristóteles, mas também, ao propiciar terror e compaixão, reforça-se o culto destas famílias míticas e de uma origem fundadora.

Mas não podemos abandonar ainda Aristóteles. É na sua *Retórica* que encontramos algumas das reflexões mais interessantes sobre o conceito de *éléos*, que permitem entender melhor o significado desta paixão na tragédia. Aristóteles introduz aqui a questão da auto-reflexão do espectador diante do espetáculo da dor do outro. Este tema será central dentro da teoria do sublime no século XVIII. Citemos novamente Aristóteles:

---

2 Destacando o elemento fictício da tragédia Myriam d'Allonnes, tenta argumentar que "la reconnaissance du semblable, ce n'est pas l'identification." (2008, 81) Por outro lado, acredito que ela não leva em conta a força do dispositivo trágico e da mímesis trágica. Ela vê a tragédia mais como um fato da esfera cultural do que da religiosa, uma leitura que ao menos a partir de Nietzsche tem sido posta, com razão, creio, em dúvida.

Seja, então, a compaixão [*éléos*] certo pesar por um mal que se mostra destrutivo ou penoso, e atinge quem não o merece, mal que poderia esperar sofrer a própria pessoa ou um de seus parentes, e isso quando esse mal parece iminente,[–] com efeito é necessário que aquele que vai sentir compaixão esteja em tal situação que creia poder sofrer algum mal, ou ele próprio ou um de seus parentes, e um mal como tal como foi dito na definição [...]. (II, 8, 2; Aristóteles 2000, 53)

Essa passagem demonstra como os conceitos de terror e de compaixão estão intrinsecamente vinculados para Aristóteles. "O terror, a respeito do nosso semelhante desditoso", da definição da *Poética*, também é um terror em relação a nós próprios, como potenciais sofredores. *Éléos* é o momento auto-reflexivo do terror: com ele o abalo trágico é revelado como um medo de que o mal *nos* atinja. Esse *nós* inclui não apenas o indivíduo que assiste ao espetáculo trágico, mas também seus parentes ou o círculo dos amigos mais próximos. Mais adiante Aristóteles faz uma nuance nesta definição, introduzindo uma ideia importante, a saber, a necessidade de um certo *distanciamento* para que a compaixão possa agir. Esta passagem é tanto mais central, na medida em que permite se pensar em uma aproximação das reações diante da *arte* com as que temos diante de cenas da vida cotidiana:

> Os casos em que as pessoas sentem compaixão são esses e outros semelhantes; elas se compadecem dos conhecidos, se não são parentes muito próximos; para com estes, dispõe-se assim como para consigo mesmas, se devessem sofrer provações. Por isso mesmo Amásis [na verdade trata-se aqui de uma alusão ao Psammenitus descrito por Heródoto], ao que dizem, não chorou pelo filho quando era conduzido para a execução, mas pelo amigo que mendigava, porque este caso era digno de compaixão, enquanto aquele era terrível [*deinós*]; o terrível é diferente do digno de compaixão; não a admite e serve muitas vezes ao sentimento contrário, porque não mais se sente compaixão quando o perigo está iminente. (II, 8, 11ss.; Aristóteles 2000, 55)

Para se diferenciar *phobos* de *deinós* pode-se traduzir o primeiro termo por medo e o segundo por terror.[3] Neste ensaio, no entanto, seguindo uma tradição da tradução de *phobos* por "terror" não evitei este último termo. Mas essa distinção aristotélica é importante, já que permite vislumbrar uma gradação nas paixões negativas e atenta para os limites da nossa capacidade de ter compaixão. Esse decoro, no entanto, nem sempre foi a regra na Antiguidade. Pois o *emudecimento trágico* é parte e não algo estranho à tragédia.[4] Normand Doiron, em um interessante artigo sobre o terror na tragédia, recorda, contra o Aristóteles da *Retórica*, que na cena trágica *medo* e *terror* se associam.

Importante para meus fins agora é que em seguida Aristóteles retoma o mote da semelhança para definir aqueles de quem temos compaixão. A *identificação mimética e compassiva* se dá com o próprio: "Temos compaixão", ele continua,

> "dos que nos são semelhantes na idade, no
> caráter, nos hábitos, nas dignidades, na ori-

3 Vale lembrar que Aristóteles utiliza o termo *deinón* para caracterizar na *Poética* uma das situações mais trágicas: um personagem age sem reconhecer o elemento *deinón* de sua ação e só depois o reconhece, como no caso de Édipo. (53 b 26)
4 Cf. Walter Benjamin (2004, 110): "O silêncio trágico, mais ainda que o pathos trágico, tornou-se o lugar de uma experiência do sublime na expressão linguística, uma experiência que vive geralmente de forma mais intensa na escrita dos Antigos do que na que veio depois."

gem [*cata géno*], porque em todos esses casos
é mais evidente a possibilidade de também
nós sofrermos os mesmos reveses, e em geral devemos admitir também aqui que tudo
quanto receamos que nos aconteça causa
compaixão, quando ocorre a outros." (II, 8, 13;
Aristóteles 2000, 55, 57)

Na cena trágica, sobretudo no momento da *meta-basis* (cap. XI *Poética*), na virada ou mutação, percebe-mos uma espécie de cena originaria da formação do próprio. A origem é (re-)instituída.

O elemento ético da *máquina trágica* pode ser pensado a partir da ideia de que aquele que sofre "não o merece". Este deve ser, segundo Aristóteles, uma pessoa *honesta*, porque compadecemo-nos princi-palmente ao ver as pessoas honestas em tais situa-ções. Na tragédia compadecemo-nos do honesto e neste momento sentimo-nos (pela identificação mi-mética) como se também fizéssemos parte deste uni-verso ético que é posto a prova na tragédia. O disposi-tivo mimético-trágico cria a comunidade dos "bons", "purifica eticamente": mesmo nos casos em que nos identificamos com pessoas que cometem faltas. Este dispositivo permite uma re-flexão, um distanciamen-to, que põe em perspectiva o "mal", reduzindo sua carga. Mas é claro que tudo se dá apenas dentro de uma *mise en scène*.

Na tragédia a recreação é um jogo paradoxal, nascido da visão do terror. Como escreve Aristóteles ainda na *Retórica*, a destruição que gera compaixão tem como origem as "mortes, os ultrajes corporais, os maus tratos, a velhice, as doenças, a falta de alimento" (II, 8, 9; Aristóteles 2000: 55), sem contar os males como carência de amigos, fealdade, debilidade, enfermidade e as desgraças.[5] Estes males – que proponho interpretar na chave do sacrifício –, que devem ser também apresentados como suficientemente próximos para despertar a compaixão, não podem estar, por exemplo, muito recuados no tempo. O teatral (que pode ser aplicado tanto ao orador, tema principal da *Retórica*, como ao ator de teatro) desperta no espectador a ilusão da proximidade e da realidade sem que, por outro lado, necessariamente ocorra uma proximidade exagerada que impediria a compaixão de se manifestar. Temos compaixão com relação ao que está próximo – assim como temos

5 Nem todos estes aspectos permitem relacionar a compaixão trágica com a compaixão retórica, já que, como vimos, para Aristóteles na tragédia o erro, *amartia*, é fundamental na sua estrutura. Poderíamos ver aqui que a compaixão retórica já está a um passo da piedade, que se volta não mais para a identificação com a dor de uma pessoa, mas é capaz de abstração e se filia a uma "bondade universal".

piedade para com o próximo (pessoa abstrata e sem identidade).

FERDINAND TÖNNIES: PAI DA TEORIA "CIENTÍFICA"
DA COMUNIDADE

Tendo passado por esses dois teóricos fundamentais e pais míticos do pensamento ocidental, Platão e Aristóteles, permito-me fazer um enorme salto em direção à modernidade. Proponho que pensemos como alguns desses pensamentos matriciais serviram de base para a teoria da comunidade. Foi a obra de Ferdinand Tönnies (1855-1936), *Gemeinschaft und Gesellshaft* (*Comunidade e Sociedade*), de 1887, que marcou época e influenciou várias gerações de pensadores com sua apresentação da dicotomia entre esses dois modelos de funcionamento das agrupações humanas. É evidente que essa dicotomia remonta a Rousseau e à sua recepção pré-romântica e romântica. Lembremos apenas de Schiller que, sob marcada influência da obra de Johann Winckelmann, formulou em 1795/1796, no scu famoso texto *Über naive und sentimentalische Dichtung* (*Sobre a poesia inocente e sentimental*), a imagem do poeta antigo como aquele mergulhado na harmonia e na interação absoluta do homem com a natureza. Essa fase heroica tipifica a visão "*naïf*" do mundo em oposição à *sentimental*. Seis anos antes de escrever esse texto, Schiller fizera a sua ode à alegria que depois foi musicada por Beethoven. Nela ele canta a alegria como cimento da comunidade, em oposição às forças centrífugas da prosa da vida:

– An die Freude

Freude, schöner Götterfunken,

Tochter aus Elysium,

Wir betreten feuertrunken

Himmlische, dein Heiligtum.

Deine Zauber binden wieder,

Was der Mode Schwert geteilt;

Bettler werden Fürstenbrüder,

Wo dein sanfter Flügel weilt.

À alegria

Alegria, divina faísca bela,

Filha de Elísio,

Nós penetramos embriagados de fogo

Celeste, teu sacramento.

Tua magia une novamente,

O que a espada da moda separou;

Mendigos tornam-se irmãos de príncipes,

Onde a tua suave asa deitou.

[Schiller, *A amizade | Die Freundschaft* (1786)]

Tönnies, cem anos depois, formula conceitos como *Gemeinschaft, Gesellschft* e racionalidade instrumental que marcariam o pensamento sociológico. Apesar de ter tentado ir além do tradicional racionalismo e de seu culto do progresso, assim como ter tentado ser crítico ao que lhe parecia um pessimismo romântico, o meio caminho proposto por ele, ou seja, uma teoria da polaridade e da tensão entre os dois modelos fundamentais de agrupação social, acaba tendendo para a visão romântica conservadora com sua edulcoração da vida no campo e em família. Para ele, as relações comunitárias seriam, afetivas (como em Platão), pessoais, clânicas, familiares, tribais, mas também poderiam penetrar até a vida em nações. Mas para ele haveria na modernidade uma maior predominância da *Gesellschaft* (sociedade ou associação) sobre a comunidade. A comunidade seria o bastião da moralidade e a associação, a garantidora do progresso. (1979, 14) A coloração valorativa maniqueísta de Tönnies se manifesta a todo momento em seu livro. Para ele o protofenomeno da *Gemeinschaft* é a família, e os indivíduos devem em scu desenvolvimento sair dela em direção à *Gesellschaft*. "Prevenimos o jovem contra a má *Gesellschaft*, mas falar de má *Gemeinshaft* viola o significado do termo." (1979, 28) O esquema que reconhecemos aqui também é o do romance de formação: a vida é uma saída da esfera da comunidade, da amizade e da *Heiterkeit* (alegria, leveza, jovialidade) das artes, e uma passagem à seriedade da vida, para novamente lembrarmos de Schiller (ou seja, de sua famosa frase do prólogo de seu *Wallenstein*, "A vida é séria, a arte é alegre", "Ernst ist das Leben, heiter ist die Kunst"). Assim, seria correto falar, com Tönnies, de uma comunidade de idioma, de costumes e de crenças, mas não de uma comunidade comercial. A comunidade é anterior à sociedade e "constitui a forma genuína e perdurável da convivência. Em oposição com à *Gemeinschaft*, a *Gesellschaft* é transitória e superficial." (1979, 29) A primeira é "organismo vivo", a outra é "um artefato, um constructo mecânico". Os exemplos de comunidade prototípica de Tönnies são a relação mãe-criança; a relação marido-mulher e a relação entre irmãos, ou seja, os três vetores afetivos que constituem a família, núcleo, como vimos, da comunidade compassiva na Antiguidade. A relação fraterna seria "a mais humana das relações entre os seres humanos" (1979, 35), pois está mais calcada em uma força intelectual do que instintiva. Por outro lado, o autor afirma a importância, para se pensar a comunidade, da hierarquia contida na relação pai-filho. Da reverência derivaria a *ternura* e do respeito, a *benevolência*: "esses representam os dois polos do sentimento no qual se baseia a *Gemeinschaft*." (1979, 39) Tönnies desenvolve uma teoria da autoridade natural, que seria um derivado do legado patriarcal. Esse último é fundamental para sua visão da comunidade e penetra as três esferas que ele destaca como constituintes dos laços de comunidade: a família, a vizinhança e a amizade. Tönnies prega uma relação direta entre família e harmonia e a desdobra na imagem pacificada da vida rural da aldeia (com seus ritos e costumes) e na religiosidade da vida urbana.

Já a *Gesellschaft* se ligaria às convenções da vida urbana, à legislação que rege a vida em nação e à opinião pública, que caracteriza a vida cosmopolita. (1979, 277) À arte baseada na memória, da *Gemeinshaft*, corresponde na *Gesellschaft* a ciência, baseada em conceitos. (1979, 278) No mundo da comunidade haveria espaço para um desenvolvimento total, holístico, do ser humano, já na *Gesellschaft*, predominaria a sua destruição e decadência. (1979, 280)

Como se sabe, esse esquema foi repetido inúmeras vezes ao longo do século XX, em autores conservadores de direita e de esquerda e, como acima mencionado, mesmo na famosa teoria benjaminiana do fim da narração, encontramos ecos evidentes dessas ideias. A comunidade é dependente, podemos deduzir dos exemplos dados por Tönnies, de uma pertença, da criação de uma esfera do próprio em oposição aos estranhos. Por outro lado, como veremos, esse *estranho* (ou *Unheimlich*) também abita no coração da comunidade e pode leva-la à sua autodestruição.

FREUD: TEORIA DA CULTURA COMO TEORIA
DO COMPORTAMENTO REGRESSIVO DAS MASSAS

Foi Freud quem trouxe de forma mais insistente essa figura do *Unheimlich* para a reflexão teórica. Mas, antes dele, inúmeros escritores e artistas já tentaram conceituar essa entidade amorfa que de certa maneira passa a fundar o estético, ocupando o lugar antes reservado à beleza. Por uma questão de praticidade, no intuito de pensar uma teoria da comunidade a partir da obra de Freud, vou me limitar aqui ao seu ensaio de 1921 "Psicologia das massas e análise do Eu". Freud inicia seu texto elencando as teorias de psicologia de massa que lhe antecederam. Ele critica a ideia defendida então de que existiria algo como um *herd instinct* ou uma *group mind* originários.[6] Apesar

6 Esse tipo de ideia foi fundamental na teoria política do século XVIII. Para Rousseau, por exemplo, a piedade é o princípio moral *par excellence*, enquanto um sentimento *imediato*, anterior à reflexão. Graças a ela podemos nos *colocar no lugar de quem sofre* e nos *identificar* com ele. Em um sentido bem cristão, lemos que a piedade é o primeiro sentimento de relação. O piedoso tem em si "le triste tableau de l'humanité", pois toda humanidade sofre. No

de elogiar muito a obra de Le Bon, sua *Psicologia das massas*, Freud vê nesse ensaio um acúmulo de lugares comuns sobre o tema. Le Bon descreve a massa como tomada por uma "alma coletiva" que age, pensa e sente de modo distinto do que cada indivíduo o faria. Le Bon nota que essa massa está sob o comando de elementos da psicologia profunda (o que faz Freud concordar com ele), mas utiliza termos que Freud não segue, como o de "alma da raça", cujos resíduos se manifestariam na massa. (Freud 2011, 19) Quando Le Bon descreve essa massa como possuída por um sentimento de poder invencível, Freud lê nessa característica uma libertação das pulsões inconscientes. Nesse inconsciente, para ele, existe uma predisposição para "tudo de mau da alma humana." (Freud 2011, 21) Le Bon fala também que na massa existe uma espécie de contágio mental e também a sugestionabilidade explicaria o comportamento da massa. Por conta disso, arremata Le Bon, o indivíduo na massa se transforma em um autômato sem vontade própria. (Freud 2011, 23) Já Freud vê no contágio uma manifestação da sugestionabilidade e procura o que estaria por de-

seu *Discours sur les origines de l'inégalité parmi les hommes* ele fundamenta o direito natural a partir da noção de *piedade*. (Rousseau 1976, 43ss.; Rousseau 1964, 153s.) Também naturalistas como Buffon defenderam essa concepção de uma piedade como que atávica. (Buffon 2007, 748s.)

trás dessa sugestionabilidade. Le Bon aponta para a solução do que estaria por detrás dessa sugestionabilidade, na medida em que detecta na massa uma regressão a estágios bárbaros, pré-civilização, onde brota a espontaneidade, a violência e a ferocidade, diminuindo seu juízo. Freud detecta aí uma coincidência com a vida anímica dos povos primitivos e da criança. O mesmo sentimento de onipotência que Le Bon percebe na massa, Freud o diagnosticara em sua análise do animismo em *Totem e tabú*. Outro aspecto da análise que Le Bon faz da massa e que interessa a Freud, é o prestígio que é projetado em seu líder. Mas Freud discorda fundamentalmente da origem que Le Bon atribui a esse prestigio (ou seja, ele seria ou artificial e calcado em um nome, bens e reputação, ou seria natural e explicado por um encanto magnético do líder). (Freud 2011, 31)

Em seguida Freud se volta para uma leitura crítica de MacDougall e de seu livro *The group mind*. Para esse autor, a massa seria o fruto do "princípio de indução direta da emoção por meio da resposta simpática primitiva" (Apud Freud 2011, 35), ou seja, McDougal fala de um princípio mimético, uma "coação automática", que leva o indivíduo a se fundir na massa. Ocorre então uma intensificação do afeto e uma inibição da inteligência. Para ele a massa seria "totalmente excitável, impulsiva, apaixonada, instável, inconsequente, indecisa e, no entanto, inclinada a ações extremas". (Freud 2011, 37)

Freud vê tanto em Le Bon como em McDougall uma falsa explicação no fenômeno da massa, baseada em uma noção equivocada de sugestão. Por detrás da sugestibilidade haveria um fenômeno mais originário. Freud apresenta a hipótese segundo a qual, por detrás da "alma coletiva" atua as relações de amor. Como para Platão, também para Freud é o amor, Eros, que mantém a massa unida. Somos sugestionados na massa por causa do amor com relação aos outros. Assim, por exemplo, o medo pânico (que não necessariamente está ligado a alguma situação de perigo real) é fruto de um afrouxamento das relações libidinais da massa. No estudo de dois casos de massa que Freud faz, o exército e a igreja, ele destaca que "toda religião é uma religião de amor para aqueles que a abraçam, e tendem à crueldade e à intolerância com os não seguidores." (Freud 2011, 54) Essa estrutura mostra que mesmo a "religião do amor" não escapa à lógica do pensamento de massa em sua fúria outricida. Ou seja, o amor não é uma garantia da paz ou da harmonia – estas, como lembrava Kant, só existem na morte ou no cemitério.[7]

7 Kant notara, não sem ironia, na abertura do seu ensaio sobre a *Paz Perpétua* (*Zum ewigen Frieden*), de 1795 — contra o qual No-

A aversão ao outro seria uma manifestação de nosso narcisismo e de sua contínua afirmação de si. (Freud 2011, 57) Existe uma "prontidão para o ódio, uma agressividade cuja procedência é desconhecida, e à qual se pode atribuir um caráter elementar." (Freud 2011, 57s.) Mas é a ligação libidinal que permite uma limitação desse narcisismo do indivíduo e, em consequência, a agregação à massa. Quando o indivíduo se encontra na massa, os fins sexuais das ligações libidinais são desviados de suas metas originais. Freud recorda que a *identificação* é "a mais antiga manifestação de uma ligação afetiva a uma outra pessoa."[8] (Freud 2011, 60) É o que se passa com a criança antes da sua fase edipiana, ela se identifica com a figura paterna. Essa identificação serve de ponte para o investimento objetal e tam-

valis redigira o seu texto sobre a cristandade e a Europa —, que Paz Perpétua era "uma inscrição satírica na tabuleta" da entrada de um cemitério. Vale lembrar que *Einfriedung* (cerca, cercamento) deriva de Frieden (paz), no sentido bíblico dessa palavra: "Friede auf Erde" ("Paz na terra"), de onde também derivou, no alemão, o termo para cemitério: *Friedhof*.

8 Seja o amor platônico, a compaixão aristotélica, a piedade cristã e rousseauista, a ternura e a benevolência de Tönnies, seja a identificação freudiana, todos esses afetos que tentam fundamentar aquilo que une de modo primário os humanos em grupos, todos eles são incapazes de criar uma barreira suficientemente forte ao outro lado da moeda dessas "pulsões" da vida em comum, ou seja, as pulsões da destruição, que Freud veio a teorizar, em uma linhagem que pode ser facilmente traçada até Hobbes.

bém configura o próprio Eu, segundo o seu modelo. Porém a identificação pode estar também na origem da formação neurótica de sintomas. Na formação de sintoma, ao invés da escolha de objeto, assistimos a uma identificação com ele. A escolha de objeto regride à identificação. O Eu nessas identificações ora copia a pessoa amada, ora a não amada. Essa formação de sintoma também pode passar para outras pessoas, seguindo a lógica da "infecção psíquica". (Freud 2011, 64) Nas massas, a ligação também se dá por identificação com algo em comum, a saber, um líder. Em uma nota, Freud admite que não consegue ir mais fundo na fundamentação dessa identificação, mas postula que existe "um caminho que da identificação, através da imitação, leva à empatia, isto é, à compreensão do mecanismo pelo qual se torna possível, para nós, tomar uma posição ante uma outra vida psíquica." (Freud 2011, 68) O indivíduo assim limita sua agressividade com aquele com quem se identificou e assim a identificação alicerça a comunidade do clã. Nesse ponto, Freud retoma as teses de Robertson Smith, essenciais em seu *Totem e Tabu*, e nota que essa identificação se baseia na introjeção de uma substancia comum, a saber, uma refeição, como a da história da família primeva. Ele volta a esse ponto mais adiante em seu ensaio.

Discutindo a escolha objetal, Freud nota que às vezes ela se dá pela via da idealização. O objeto é confundido com o ideal do Eu. O amor que passa para o objeto é do tipo narcísico. Nessa idealização do objeto, o Eu se diminui e o objeto se torna sublime e pode-se dizer que "o objeto consumiu o Eu" (Freud 2011, 72). Domina então uma cegueira do amor que cala toda a crítica, pois "*o objeto se colocou no lugar do ideal do Eu*" (Freud 2011, 72). Tanto no enamoramento, onde acontece esse fenômeno, como na hipnose ocorre uma humilde sugestão, ausência de crítica. O hipnotizador também assume o lugar do ideal do Eu. Submetido a esse ideal de Eu, o indivíduo suspende também a prova de realidade. Essa situação da hipnose pode ser chamada de construção de uma massa a dois. Na massa os seus membros se relacionam com seu líder como o hipnotizado com o seu hipnotizador. Freud conclui esse passo afirmando: "*Uma massa primária desse tipo é uma quantidade de indivíduos que puseram um único objeto no lugar do seu ideal do Eu e, em consequência, identificaram-se uns com os outros em seus Eus.*" (Freud 2011, 76)

Aqui novamente Freud propõe um passo atrás para compreendermos melhor essa natureza hipnótica da massa. Ele retoma sua relação com a regressão. Freud recorda, para refutar, a tese de W. Trotter para quem existe um *gregarious instinct*, que seria primário e não passível de decomposição. Trotter não leva em conta a figura do líder da massa. Antes, para Freud, o primário seria o sentimento de ciúmes (com relação ao líder) e o sentimento gregário e formação da massa algo posterior. (Freud 2011, 81) Com um tom bem hobbesiano, Freud declara que

> "O sentimento social repousa [...] na inversão de um sentimento hostil em um laço de tom positivo, da natureza de uma identificação. Até onde podemos enxergar hoje esse curso de eventos, tal inversão parece ocorrer sob influência de um laço afetuoso comum a uma pessoa que está fora da massa" (Freud 2011, 83)

a saber, o líder. Aqui percebemos também a figura do líder pensado na mesma época por Carl Schmitt e Benjamin como aquele que está fora da massa e decide. Ao contrário do que Trotter afirmara, em tom que recorda Rousseau, o ser humano não seria um animal de rebanho, *Herdentier*, mas sim um animal de horda, *Hordentier*. Nesse momento Freud retoma sua tese da horda primeva que ele desenvolvera em *Totem e tabu*. Ele vai postular que a massa seria a revivescência da horda primeva e a psicologia da massa a mais antiga psicologia humana. (Freud 2011, 85) O pai todo poderoso dessa horda seria uma figura absolutamente narcísica, sem investimento objetal. Em compensação, os filhos que viviam na abstinência sexual, por imposição do pai, criaram laços entre si. A psicologia da massa, ou seja, os laços afetivos que ligavam estes irmãos, teve origem nos ciúmes sexuais. Ou seja, para Freud, no início da vida em comum está o ciúme e não o amor (e aqui vemos um limite na comparação entre Freud e Platão). A veneração que caracteriza a relação da massa com seu líder, seria paralela à força que emana do hipnotizador e ambas um resquício da força do pai originário. O dado inquietante, *Unheimlich*, da hipnose guarda algo de familiar, a saber, os traços da família primeva recalcados. "O líder da massa continua a ser o temido pai primordial, a massa quer ainda ser dominada com força irrestrita, tem ânsia extrema de autoridade" (Freud 2011 91). Para mostrar como na evolução psíquica da humanidade caminhou-se da psicologia das massas para a individual (ideia que não deixa de lembrar as teses de Tönnies, mas sem o tom nostálgico ou edulcorador das origens), Freud desdobra os fatos após a vitória sobre o pai da horda primeva:

"Por esse tempo a privação nostálgica pode ter levado um indivíduo a desligar-se do grupo e assumir o papel do pai. Quem realizou isso foi o primeiro poeta épico, o avanço ocorreu em sua fantasia. O poeta 'transmentiu' a realidade no sentido do seu anseio. Ele inventou o mito heroico." (Freud 2011, 102s.)

O herói é aquele que matou o pai/monstro totêmico. O poeta criou o primeiro ideal do Eu. Os mitos e contos são sucedâneos do feito heroico. Os ouvintes se identificam com o herói via uma identificação nostálgica com o próprio pai primevo. O herói divinizado é a volta desse pai. A cultura deriva da sublimação dos instintos sexuais, o grupo se constrói em ligações calcadas na inibição das metas das pulsões. Dessa estrutura Freud depois desdobraria o que denominou de *Unbehagen*, mal-estar, sentimento de desamparo, que para ele caracteriza a cultura. (Freud 2010) Para Freud, a vida em comum exige sempre a frustração de pulsões e leva o indivíduo ao mal-estar. Não cabe dizer que em Freud, como em Tönnies, a comunidade seria menos frustrante que a sociedade. Toda cultura é dialetizada e posta ao lado do mal-estar.

Benjamin no seu fundamental texto também de 1921, o "Zur Kritik der Gewalt" ("Crítica da Violência. Crítica do Poder") desenvolvendo sua crítica ao poder, deduz da identidade entre a *Gewalt* (poder/violência) mítica e a do sistema jurídico a tarefa, *Aufgabe*, da sua aniquilação. Esta só pode se dar para ele via oposição da *Gewalt* mítica por parte de uma outra, com um caráter inteiramente outro, que barre a simples reprodução desta força. Trata-se de encontrar uma *Gewalt* pura e imediata. Assim, Benjamin opõe o poder mítico ao divino. Este último seria o oposto do primeiro e permitiria aniquilar o direito. Aquele é *rechtsetzende*, instituidor de direito, este é *rechtvernichtende*, aniquilador de direito, se um estabelece limites, o outro é sem-limites, se um instaura a culpa e a penitência, o outro liberta da culpa, se um ameaça o outro resolve de um golpe, se um é sangrento, o outro é letal, mas não-sangrento. O importante para nosso objetivo é ver como em Benjamin a violência política é aproximada da mítica e contraposta a esta figura da violência divina, que seria sua antípoda e significaria a única solução para se sair do círculo vicioso de alternância entre a violência instituinte e a mantenedora do poder. Nesse ciclo violento ocorre um sacrifício da vida que é exigida como carne para alimentar o poder/Gewalt. Para tratar disso lembremos antes de uma passagem de Lactancio sobre a defesa da vida:

> Que é tão horrível, tão espantoso e revoltante quanto o assassinato de uma criatura humana? É por isso que a nossa vida é protegida por leis rigorosíssimas; é por isso que as guerras são execradas. Contudo, a tradição romana descobriu uma maneira de autorizar o homicídio sem guerra e a despeito das leis: e a volúpia reivindica para si o que é crime. Agora, se meramente presenciar um assassinato estampa num homem o caráter de cúmplice; se ser apenas espectador nos faz participar da culpa do que perpetra, segue-se, necessariamente, que, nos assassinatos no anfiteatro, a mão que inflige o golpe fatal não mergulha mais profundamente no sangue do que a daquele que se limita a assistir, passivamente; nem pode estar limpo de sangue aquele que favoreceu o seu derramamento; nem pode ser outra coisa do que um participante no assassinato o homem que aplaude o assassino e pede que ele seja premiado. (Apud de Quincey 1985, 6s.)

Como vemos aqui, partindo de uma reflexão sobre o horror do assassinato de um ser humano, Lactâncio chega à conclusão da cumplicidade com tal ato do espectador no anfiteatro romano que aplaude. Este não fica isento do sangue, que também mancha suas mãos. Trata-se de uma teoria da contaminação que está em jogo nessas palavras de um dos pais da Igreja. Essa contaminação se dá via empatia: através do co-sentir o espectador se torna co-participante do crime. Não por acaso esta teoria se desdobra a partir de um raciocínio sobre a sacralidade da vida e a necessidade de rigorosas leis para preservá-la. Como se sabe, essa sacralidade da vida está no centro do Cristianismo, uma religião que tem em seu núcleo o culto de um Deus que foi ele mesmo sacrificado para redimir a culpa da Terra. Mas Benjamin não concordaria se quiséssemos deduzir esta sacralidade no cristianismo do mandamento bíblico. O penúltimo passo do ensaio benjaminiano sobre a *Gewalt* desdobra a reflexão sobre a relação entre a *Gewalt* mítica e o sacrifício da vida pura e, por outro lado, o poder divino como golpeador e não-jurídico. Se este último poderia dar a entender que a capacidade letal poderia ser estendida aos homens, isto não ocorre pois o mandamento "Não matarás" impede a realização do ato. No entanto, para Benjamin, este mandamento não deve estar nem na origem da contenção diante do ato, nem do seu eventual julgamento. Este ponto é essencial para se demarcar a esfera do direito mítico e a do poder divino. Benjamin escreve: "O mandamento não existe como medida de julgamento, e sim como diretriz". (Benjamin 1986, 173; Benjamin 1974, 200) E, mais ainda, não se deve deduzir dele a tese errônea do *caráter sagrado da vida*, seja ela vegetal, animal ou humana. Para Benjamin é falso que a existência estaria acima da existência justa, na medida em que existir signifique apenas a "vida nua". Mas "vida", para este autor, assim como a palavra "paz", deve ser considerada como uma linha entre duas esferas, o que a torna eminentemente ambígua. Se considerarmos o existir como o estado agregado inabalável da "pessoa", podemos aceitar que o não-ser desta possa ser mais terrível que o mero ainda não-ser da pessoa justa. Mas não se trata de sacralizar a vida, o corpo humano, *Leib*, em função do elemento sagrado da pessoa. O autor se pergunta sobre a diferença entre as pessoas e os animais e plantas, para afirmar que estes últimos não teriam um caráter sagrado devido à vida nua. O programa de pesquisa que ele propõe então foi seguido à risca por Agamben: "Sem dúvida, valeria a pena investigar o dogma do caráter sagrado da vida." (Benjamin 1986, 174; Benjamin 1974, 202) Para Benjamin,

esse dogma deve ser recente e considerado um equi-
voco da tradição ocidental enfraquecida, que busca
o sagrado perdido no impenetrável cosmológico. Ele
arremata seu raciocínio com um teorema (como que
kafkiano): ele se espanta diante do fato de que se atri-
bua o caráter de sagrado justamente à *vida nua*, ou
seja, àquilo que o pensamento mítico considera como
o que porta a culpa. Assim ele fecha o círculo de seu
estudo: o poder-direito mítico exige o sacrifício da
vida sacra. Apenas a crítica da *Gewalt* pode nos ins-
trumentalizar contra este círculo onde a lei, o sagrado
e a culpa se alimentam eternamente. Para Benjamin
toda sociedade possui uma *Gewalt* e a tarefa dessa crítica pode ser considerada como um *Aufgabe* (tarefa)
sem fim. Do ponto de vista de seu texto sobre a *Gewalt*
podemos desconstruir sua utopia inocente do idílio
medieval/artesanal que lemos em seu ensaio sobre
Leskov.

RENÉ GIRARD: SOCIEDADE E SACRIFÍCIO

Também para René Girard o sacrifício ocupa um
local central em toda a cultura. Sua teoria pode ser
vista como pansacrificial, na medida em que para
esse autor a cultura quase se confunde com rituais de
sacrifício. Girard parte no seu estudo sobre *A violên-*

cia e o sagrado (1972) de uma necessidade que ele vê no sentido de se dar mais importância à violência nas teorias do sacrifício. Acredito que esta crítica vai mais em direção aos antropólogos, já que em Freud – tanto em *Totem e Tabu*, como em "Psicologia das Massas e Análise do Eu" e em "Mal-estar na cultura", para ficarmos apenas com estes 3 ensaios fundamentais – a violência está no centro de sua teoria da sociedade. Girard volta-se para o sacrifício com a intenção de redesenhar este conceito a partir dessa valorização da violência. "A sociedade procura desviar para uma vítima relativamente indiferente, uma vítima 'sacrificável', uma violência que talvez golpeasse seus próprios membros, que ela pretende proteger a qualquer custo." (Girard 1990, 14) Trata-se, portanto, de uma teoria do sacrifício como dispositivo político de proteção e manutenção dos membros do grupo. Girard recupera noções clássicas da teoria do sacrifício, como a da figura sacrificada como substituto. Sacrifica-se uma vítima sacrificável em lugar de membros da comunidade ou de pessoas que poderiam desencadear um novo ciclo de violência. A violência é vista como uma necessidade orgânica que precisa ser saciada ou como uma energia que precisa ser liberada, passada adiante. "Só é possível ludibriar a violência fornecendo-lhe uma válvula de escape, algo para devorar. Talvez seja este, entre outros, o significado da história de Caim e Abel." (Girard 1990, 15) Caim, o agricultor, na leitura de Girard, é aquele que só pode sacrificar o que a terra lhe oferece. Já Abel, o pastor, sacrifica animais e Deus prefere este sacrifício animal. Caim não pode saciar sua violência só com o sacrifício vegetal. "Um irmão mata o outro, justamente o que não dispõe deste artifício contra a violência, o sacrifício animal." (Girard 1990, 15) Girard recorda que segundo uma tradição muçulmana, Abraão utilizou um carneiro já sacrificado por Abel, como um substituto de seu filho Isaac. Os sacrifícios se encadeiam na Bíblia, mas esta e outras histórias mostram como o animal serve de amparo para a relação entre o pai e o filho: "Ele evita os contatos diretos, que poderiam desencadear a violência." (Girard 1990, 16)

Porém a válvula de escape do sacrifício pode deixar que um quantum e violência não seja dominada. Essa violência, nota Girard, é impura e pode contaminar. A violência seria um fogo e as tentativas de conte-la, que são sempre violentas, acabam por jogar mais combustível nela. As sociedades sacrificiais têm que manter a diferença entre a violência pura e a impura para não serem vítimas de sua auto-aniquilação. Assim se compreende por exemplo todos tabus em torno do sangue, em especial do sangue menstrual.

Esses tabus são um fruto deste cuidado ritual em torno da separação do sangue puro e o impuro. O sangue sacrificial é puro e capaz de purgar a violência. O sangue impuro contamina e provoca o derramamento de mais sangue. (Girard 1990, 52)

Girard vê no sacrifício o meio para as comunidades restaurarem a sua harmonia. (Girard 1990, 22) Ele nota que as vítimas sacrificáveis são ou as mais fracas (estrangeiros ou marginais), como na figura dos *pharmakoi* gregos, ou mesmo, o rei. Este, por seu isolamento "escapa da sociedade 'por cima', assim como o *phármakos* escapa dela 'por baixo'". (Girard 1990, 24) A semelhança deste raciocínio com o (bem posterior) de Agamben sobre o homo *sacer* na sua relação de oposição complementar com a do soberano é flagrante. O importante é destacar aqui a leitura funcionalista do sacrifício como meio de "apaziguar as violências intestinas e impedir a explosão de conflitos." (Girard 1990, 26) O ritual e toda a esfera do sagrado resume-se para Girard a um enorme dispositivo para se controlar a violência. "É a violência que constitui o verdadeiro coração e a alma secreta do sagrado" (Girard 1990, 46), afirma o autor, em uma fórmula que não deixa de lembrar a de *Totem e Tabu*. Mas para Girard, diferente de Freud, nossa sociedade dessacralizada controlaria a violência pelo seu sofisticado sistema jurídico.

Antes de passar a Flusser vejamos rapidamente o que Girard denominou de "crise sacrificial", que ilumina sua visão da indissociabilidade entre cultura e violência. Essa crise aparece nas sociedades que não conseguem mais manter a diferença entre a violência sagrada e o crime derramado criminosamente. (Girard 1990, 60) "Com o fim das diferenças, é a força que domina a fraqueza, é o filho que golpeia mortalmente o pai". (Girard 1990, 71) Hanna Arendt, tratando da violência, já indicara que numa sociedade sem poder e sem a noção e autoridade a violência se torna a norma. Também estas crises que Girard descreve levam a grandes assaltos da violência. Para ele, os mitos representariam o retrato das sociedades em tal crise e a tragédia teria surgido justamente em um momento da história da Grécia de abandono do ritual do sacrifício humano. A tragédia explicitaria a crise que estava na origem dos mitos. Nela, como se expressa Girard poeticamente, "o poeta sopra as cinzas frias da crise sacrificial". (Girard 1990, 86s.) Na tragédia assistimos ao enfrentamento de dois partidos sem que possamos distinguir a hierarquia entre eles. No trágico impera, como ele afirma empregando uma expressão de Hölderlin, o *Gleichgewicht,* o equilíbrio dos partidos. "A *crise sacrificial* deve ser definida como uma *crise das diferenças",* ou seja, da ordem cultural em seu conjunto." (Girard 1990, 67) Lembremos da cena freudiana do assassinato do pai da horda primeva. Para Freud foi aquela crise e quebra da hierarquia que estava na origem na cultura e de seu mal-estar. Girard apoia-se não apenas nesse mito freudiano (denominado por Freud de "mito científico", 2011, 101), mas também na ideia estruturalista, antes de mais nada saussureana, da linguagem como puro sistema de diferenças, sem identidades ontologicamente dadas. Assim ele continua o seu raciocínio: "De fato, esta ordem cultural não é senão um sistema organizado de diferenças; são os desvios diferenciais que dão aos indivíduos sua 'identidade', permitindo que eles se situem uns em relação aos outros." (Girard 1990, 67) Saussure não poderia escrever melhor. Hegel com a sua dialética do senhor-escravo já apontava também, de certo modo, para a cultura como um tal sistema de diferenças complementares. A teoria política que Girard deriva deste fato é eminentemente conservadora: em uma postura radicalmente diferente da do Benjamin da crítica da *Gewalt* ele reconhece que apenas sociedades hierarquizadas podem ser ordenadas e pacíficas. Nesse sentido, ele faz uma crítica do mundo moderno e de sua busca de igualdade. Poderíamos pensar que essa é uma tese semelhante à de Freud, que ironizava as utopias comunistas, dizendo que elas se baseavam em uma antropologia equivocada, não reconhecendo que os homens não só não são iguais como não podem nem querem ser iguais. Mas Freud tampouco acredita que a sociedade hierárquica seria a justa e a boa, como Girard prega. Por baixo da teoria da violência e do sacrifício de Girard encontramos um credo político reacionário e autoritário. Mas o que nos interessa aqui é sua teoria pansacrificial que novamente nos ajuda a pôr em questão as ideias pacificadoras da comunidade que tendem a projetar nela uma redoma plena de amor.

FLUSSER: CRÍTICA DA IDENTIDADE E ELOGIO DO NOMADISMO

Vilém Flusser é autor de um pensamento que pode nos ajudar a fundamentar uma crítica da identidade na mesma medida em que, em seu elogio da diferenciação criativa, indica o nomadismo como uma saída (mas nunca como uma fuga, pois antes ele recua diante) das armadilhas da identidade. A sua situação de exilado e essa reflexão sobre o dispositivo de identidade como um dispositivo xenófobo e "outricida" devem ser postas ao lado de sua potente teoria da *Heimatlosigkeit* (apatricidade), tal como lemos no ensaio "Wohnung Beziehen in der Heimatlosigkeit. (Heimat und Geheimnis – Wohnung und Gewohnheit)". (Flusser 1992, 247-264) É nesse aspecto da teoria de Flusser que proponho nos determos agora. Sua filosofia do exílio desdobra sua reflexão sobre o sacrifício de um modo inusitado e, como poucos teóricos o ousaram, propõe uma nova teoria da identidade que deveria servir para desmontar a máquina sacrificial. Aqui trata-se de modo explícito de uma reflexão retirada da sua própria experiência de vida. Daí esse trabalho ter sido acolhido no volume autobiográfico *Bodenlos*. Esse texto é um fruto da reflexão do seu autor sobre a sua origem judaica em Praga e sobre seu exílio em São Paulo. Ele se inicia com uma descrição do autor que conclui com estas palavras:

> "Em suma, sou *heimatlos*, porque muitíssimas pátrias [*Heimaten*] se armazenam em mim. Isto se manifesta diariamente no meu trabalho. Eu sou apatrizado [*beheimatet*] em pelo menos quatro línguas e me vejo exortado e obrigado a traduzir e retrotraduzir tudo a-escrever [*Zu-Schreibend*]." (Flusser 1992, 247)

Desse fato ele também deduz seu interesse pela comunicação, pelos buracos entre os lugares e "pelas *pontes* que cobrem estes buracos". (Flusser 1992, 247; eu grifo) "Talvez este interesse pode ser deduzido do meu próprio pairar [*Schweben*] sobre estes lugares", ele arrematou. O seu texto de um modo geral se apresenta como uma reflexão teórica a partir desse "transcender das pátrias".

Ele parte, nessa teoria, da diferença entre o gesto de habitar e o de ter uma pátria. O ser humano desde os tempos mais remotos sempre habitou algum lugar, mas apenas recentemente se tornou agregado a uma pátria, *Heimat*. Esta é a proto-verdade que o exilado Flusser descobre a partir da sua "ponte". "Nós, os incontáveis milhões de migrantes (sejamos trabalhadores estrangeiros, exilados, fugitivos ou intelectuais andando de seminário em seminário), nos reconhecemos não como excluídos [*Aussenseiters*], mas antes como vanguardas [*Vorposten*] do futuro." (Flusser 1992, 249) Ao invés de pessoas dignas de pena, estes *deslocados* seriam "modelos", pois a migração, além de ser um sofrimento, é uma *ação criadora*. É nossa tarefa transformar os milhares e milhões de exilados, muitos dos quais obrigados a sobreviver em campos de concentração estabelecido em fronteiras precárias e desérticas, em parte dessa vanguarda de uma humanidade pós-pátria. A pena por si só não muda nada, ela leva a mais atitudes de caridade que tendem a apenas reforçar o sistema de exclusão. Faz-se necessário uma ação política efetiva, multipolar, visando desmontar o sistema que se alimenta do sacrifício desses banidos.

A experiência de vida de Vilém Flusser deixou-o particularmente aberto para uma obra como *Le Bouc Émissaire* de René Girard, comentada por ele em um texto de 1982 (mesma data da publicação do livro). A tese central desse livro, segundo a qual as sociedades em momentos de caos e de dissolução lançam mão de bodes expiatórios para gerar novamente uma unidade, Flusser vivera na própria carne. Essa tese, como é fácil de se perceber, já estava *in nuce* no seu *A violência e o sagrado* que acabamos de ver. Flusser apresenta a partir de Girard uma teoria da identidade como um gesto de exclusão assassino. "'Wer bin ich?' ist eine kriminale Frage" ("Quem sou eu? É uma frase criminosa"), ele anotou então. (Flusser 1995, 101) Todo ato de auto-afirmação depende deste "crime". Afinal, como ele recorda a partir de Girard, "a crise da identidade é permanente", e, Flusser acrescenta, os termos crise, crítica, critério e crime tem a mesma etimologia: "diferenciar". "Daí a identidade ser conseqüência de uma crise, de uma crítica e de um 'crime' no sentido mais exato da palavra." (Flusser 1995, 101) O bode expiatório (tal como a figura do sagrado estudada por Marcel Mauss e por Freud e, depois, a biopolítica do *homo sacer* estudada por Agamben) seria caracterizado pela ambigüidade entre o sacro e o sagrado. Esta ambiguidade na verdade seria a marca de toda experiência religiosa.

Mas voltemos ao Flusser de meados dos anos 1980. No ensaio sobre a conquista da apatricidade ele ainda descreve o "desmoronamento do universo", ou seja, a expulsão de Praga, como uma "rara vertigem de libertação e de liberdade" (Flusser 1994, 17; Flusser 2007, 223). Ele vê na *Heimat*, antes de mais nada, uma técnica (*Technik*). Esse olhar que Flusser lança sobre a *Heimat* como um dispositivo já permite uma abordagem eminentemente desconstrutora desse aparelho que serve para criar identidade (muros, fronteiras, fortalezas etc.) pela e para a violência. Como nos ligamos a *Heimat* com muitos fios, costumamos sofrer com a ruptura dos mesmos. Flusser, no entanto, transformou este abandono em conquista, passou do luto da perda, para uma reflexão sobre sua liberdade e seus ganhos. Ele conclui esta reflexão dando um passo de sua situação de sobrevivente para uma reflexão filo-histórica. O que parece um pequeno passo para um homem, é revelado e transformado em um grande passo para a humanidade: "Portanto, a partir dessa quebra do sedentarismo, somos todos nômades emergentes." (Flusser 1994, 17; Flusser 2007, 223) Trata-se de aprender a romper estes laços obscuros que nos atam à ideia de *Heimat*. Na sua experiência, ele percebeu que o nosso "enraizamento secreto" ("geheimnisvolle Verwurzelung") é na verdade "enredamento obscurantista" (Flusser 2007, 224; "obskurantischen Verstrickung"; Flusser 1994, 18) Essa libertação dos laços obscuros e até então considerados como profundos e naturais, leva a uma nova ordem ética. Essa segunda natureza na qual a *Heimat* se tornou, ofuscou o fato dela ser algo tão amedrontador quanto antes a primeira natureza apareceu diante do ser humano nos primórdios da cultura. Libertar-se da ideia de *Heimat* não deve ser compreendido como uma conquista da irresponsabilidade. Antes, a responsabilidade agora passa a ser algo muito mais sério e pensado como o fruto de uma *escolha refletida*. Podemos eleger com relação a quem e ao que desejamos ser responsáveis, ou seja, após despedir-me da clausura da *Heimat* não me sinto mais identificado e responsável com X ou Y só porque somos da mesma pátria, mas sim eu mesmo elejo (em uma dinâmica evidentemente dialética) aqueles com os quais quero me enredar. Aproximando esta teoria de Flusser da crítica que Hanna Arendt faz da noção de política calcada na piedade – que para ela surgiu na época da Revolução Francesa (Arendt 1988, 47-91) – podemos pensar que para Flusser também não se trata mais de abraçar a comunidade abstrata do "povo", mas sim àqueles e às causas com as quais verdadeiramente nos identificamos. Flusser escreve:

> "Não sou como aqueles que ficaram em sua pátria, misteriosamente amarrados a seus consócios, mas me encontro livre para escolher minhas ligações. E essas ligações não são menos carregadas emocional e sentimentalmente do que aquele encadeamento, elas são tão fortes quanto ele; são apenas mais livres." (Flusser 2007, 226; "Ich bin nicht, wie der Zurückgebliebene, in geheimnisvoller Verkettung mit meinen Mitmenschen, sonder in frei gewählter Verbindung. Und diese Verbindung ist nicht etwa weniger emotional und sentimental geladen als die Verkettung, sondern ebenso stark, nur eben freier." Flusser 1994, 20)

Essa libertação das amarras da *Heimat* são tão evidentes em Flusser que ele era incapaz de articular a sua identidade – ou as suas identidades – em termos nacionais. Ele se descreveu com as seguintes palavras:. "Sou praguense, paulistano, robionense e judeu, e pertenço ao círculo de cultura chamado alemão, e eu não nego isso, mas sim o acentuo para poder negá-lo." (Flusser 2007, 226. "Ich bin ein Prager und Paulistaner und Robionenser und Jude und gehöre dem deutschen sogenannten Kulturkreis an, und ich leugne dies nicht, sondern ich betone es, um es verneinen zu können." Flusser 1994, 20) Ele não se diz tcheco, brasileiro, francês e alemão. Seu sentido de pertença passa pelas cidades onde morou e pelas línguas e culturas nas quais habitou, não pelos países. Mas essa pertença se dá no *Über-Springen*, ou seja, no salto constante, na passagem de uma vestimenta a outra, na superação contínua do próprio. Com essa casa multipolar e com a estrangeiridade que essa situação criava para ele no interior de cada uma dessas pátrias, Flusser aprendeu a olhar a *Heimat* de fora. E desse modo aprendeu como desconstruí-la. Ele nota que o estrangeiro é aquele que normalmente, para sobreviver, aprende o código secreto da *Heimat*. Mas ao fazer isto, mostra que esse código era constituído de regras inconscientes, mas que não se trataria na verdade de nada especial, insondável e muito menos natural. A segunda natureza da *Heimat* é revelada como técnica de dominação. As regras do local, do nacional, que são sempre sacralizadas, são despidas e mostradas como sendo banais pelo estrangeiro.

"Para o residente, o emigrante é ainda mais estrangeiro, menos familiar que o migrante lá fora, porque ele desnuda o sagrado, para os domiciliados, como uma coisa banal. Ele é feio e digno de ódio, porque identifica a beleza pátria com uma belezinha kitsch." (Flusser 2007, 227. "Der Einwanderer ist für den Beheimateten noch befremdender, unheimlicher als der Wanderer dort draussen, weil er das dem Beheimateten Heilige als Banales blosslegt. Er ist hassenswert, hässlich, weil er die Schönheit der Heimat als verkitschte Hübschheit ausweist." Flusser 1994, 21)

O emigrante é o profanador, e nesse passo Flusser recorre novamente à teoria do sacrifício. O estrangeiro profana o sagrado, ele mesmo é, por vezes, sacralizado e sacrificado.

É digno de nota que nesse ponto de seu texto sobre a filosofia do exilado Flusser passa a relatar a sua experiência no Brasil. O golpe de Estado de 1964 e a institucionalização burocratizante do saber em Departamentos universitários já natimortos mataram nele seu ímpeto inicial. Pela segunda vez Flusser foi convencido das desvantagens da *Heimat*. Ele resume esta desilusão com o Brasil na frase: "Os preconceitos começaram a se cristalizar, isto é, a construção de uma nova pátria começou a ser bem-sucedida." (Flusser 2007, 230. "Es begannen sich Vorurteile zu kristallisieren. Das heisst, man begann, mit dem Errichten einer neuen Heimat Erfolg zu haben." Flusser 1994, 24.) Mas esta "novidade" era na verdade a repetição da velha e execrada ideia de nação que se concretizava outra vez. Estava na hora de Flusser sair do Brasil. Foi esse périplo por esse país chamado Brasil que despertou nele a consciência de que a *Heimat* "nada mais é senão a sacralização do banal. A pátria, seja de que maneira for, não é nada além de uma habitação enovelada de mistérios. E ainda: quando se deseja manter a liberdade da apatricidade, adquirida com sofrimento, é necessário que a gente se recuse a participar dessa mistificação dos hábitos." (Flusser 2007, 232. "Die Enttäuschung mit Brasilien war die Entdeckung, dass jede Heimat [...] nichts ist als Sakralisation von Banalen; dass Heimat, sei sie wie immer geartet, nichts ist als eine von Geheimnissen umwobene Wohnung. Und dass man, wenn man die in Leiden erworbene Freiheit der Heimatlosigkeit erhalten will, ablehnen muss, an dieser Mystification von Gewoheiten teilzunehmen." Flusser 1994, 26)

Flusser de fato a partir dos anos 1980 refletiu muito sobre as nossas moradias, invadidas por aventureiros e abertas para a aventura. Só assim podemos evitar a cristalização da moradia em uma *Heimat*. Ele nos convida a desacralizar nossas belezas pátrias, porque sabe que. "O patriotismo é sobretudo o sintoma de uma doença estética." (Flusser 2007, 234. "Patriotismus ist vor Allen ein Symptom einer ästhetischen Krankheit." Flusser 1994, 29) Ele chegou a essa formulação sem passar pela teoria da ontotipologia que alguns anos depois levou Philippe Lacoue-Labartthe e Jean Luc Nancy (2002) a analisar no nazismo não apenas uma doença estética, mas a própria realização do estético: uma máquina de eliminar o outro e de criar um cosmos às custas do sangue. Hitler é visto pelos dois filósofos como aquele que quis ser o grande artista e arquiteto da raça alemã. Ele queria criar um *tipo* e para tanto visava aniquilar o que escapasse desse molde. Já o apátrida valorizado por Flusser, justamente questiona os moldes e relativiza a beleza da pátria. Flusser em meados dos anos 1980, quis ver nesse migrante um fragmento do homem do futuro. (Flusser 1994, 29; Flusser 2007, 235) Ele desconstrói mistérios e vive sem segredos.[9] Ele sabe morar mas

9 Neste sentido seria interessante lembrar da atração de Walter Benjamin pela arquitetura de vidro de um Adolf Loos e de Le Corbusier. Benjamin no seu ensaio "Experiência e Pobreza", de 1933, data fatídica, comemora um "conceito novo e positivo de barbárie". (Benjamin 1985, 116) Ele elogia o homem novo, o "contemporâneo nu", despido da tradição, vivendo como em uma tabula rasa. Ele vê o vidro como um "inimigo do mistério" (1985 117), ideia que, acho, seria muito cara a Flusser. Mas essa democratização da visualidade

recusa o mistério da *Heimat* e os canais que nos prendem a ela.

Esse homem que se aventura sabe apreciar a distância e as novas perspectivas que essa libertação das amarras da *Heimat* significam. Como Flusser formulou em um texto ainda do início dos anos 1960, "Für eine Philosophie der Emigration" ("Para uma filosofia da emigração"), "Quando o homem se coloca na ironia, ele pode observar o que o determina." ("Wenn sich der Mensch in die Ironie stellt, kann er seine Bedingung überblicken." Flusser 1994, 31) É a revolta (*Empörung*) que nos leva à ironia, assim como é o engajamento, que nos faz sair dela, formulou Flusser naquela época. A partir de seus textos dos anos 1970 e 1980 fica claro que ele na verdade aprendeu a ficar na revolta e na ironia e a recusar o passo seguinte. Ele se transformou em um crítico militante que vê na diferenciação criativa o antidoto da tendência à cristalização estagnadora. Dessa postura podemos deduzir também uma crítica da comunidade que não implique em um abrir mão dos projetos de vida em comum: desde que eles nunca percam esse caráter de projeto, de projeção, de abertura e transformação,

tem seu avesso: seja no panoptismo que ela provoca (promovendo um controle generalizado), seja na espetacularização do mínimo eu, tão característica e que marca também nossa sociedade do espetáculo.

que os impede de se cristalizar em dispositivos fechados de criar identidades.

No seu artigo "Um entsetzt zu sein, muss man vorher sitzen", de 1989 (título intraduzível cuja versão original no manuscrito era "Vertreibung", "Expulsão") ele procurou ler os aspectos positivos do banimento. Jogando com as palavras, ele escreve: "Para sermos seres humanos no sentido integral destas palavras devemos nos espantar." (1994 35s.) Segundo ele, para Aristóteles a filosofia inicia com o *Entsetzen*, o espantar-se que nos desorienta. O banimento, portanto, poderia nos ajudar a nos tornarmos mais humanos. Os três estágios do banimento, o sentimento de perda do solo e do chão (*Boden*), a sensação de irrealidade em torno de nós e em nós e, em terceiro lugar, a sensação de se viver em uma realidade de segundo grau, tudo isto, nós reconhecemos hoje, escreveu Flusser, como sendo a situação de todos nós. (Flusser 1994, 37) Ou seja, o deslocado, o exilado, vale como uma espécie de representante radical, extremo, de uma situação que tendencialmente toda a humanidade vive hoje. Já em "Planung des Planlosen" ("Planejamento do sem-plano"), de 1970, poucos anos antes da segunda grande emigração de Flusser, ele defendera a figura do viajante e de seu gesto, nascido de repente, de abandonar o seu local: "A partida é libertação do hábito, e a decisão de se partir é o tomar uma liberdade fundamental: a do movimento. Sem ele não valeria mais a pena viver." (Flusser 1994, 40). O errante Flusser defende suas rupturas com argumentos que empenham a dignidade de toda a humanidade. Ele vê no viajante um *Homo ludens*, alguém que aposta no acaso, *arrisca-se*, mas ao mesmo tempo vive de modo integral a sua liberdade. Talvez ele não estivesse equivocado aqui. Afinal a teoria é, como ele também afirma pensando na sua etimologia grega, "sight seeing" (Flusser 1994, 39), e de fato Flusser viu muita coisa e pôde decantar dessa leitura do mundo, palavras que guardam uma sabedoria.

Como o Benjamin dos anos 1930, Flusser aproxima constantemente em seus textos sobre a viagem e sobre o nomadismo os termos *Fahren* (viajar) e *Erfahren* (fazer experiência), que encontra a sua correspondência na relação de *experiência* com o latim *ex-periri*. "É correto que aquele que se senta [*der Sitzende*] possuí [*be-sitzt*] e o que viaja [*der Fahrende*] experiencia [*erfährt*], ou o que se senta habita o hábito e o que viaja corre perigo [*Gefahr*]." (Flusser 1974, 59) Na viagem coexistem tanto a experimentação, como a ousadia, a prova e o perigo. Daí Flusser criar também uma falsa etimologia entre *Wagen* (carro) e *Wagnis* (ousadia). (Flusser 1974, 45) Esse ser humano móvel, ele escreveu em um texto cheio de humor sobre o *Wohnwagen* (*Trailer*), de início dos anos 1970, seria a resposta à consciência triste que Hegel já detectara no homem moderno, dividido de modo dialético e sem saída, entre a sua esfera privada e a pública. O homem pós-histórico seria, para Flusser, aquele capaz de abandonar esta tristeza e transformá-la em alegria via engajamento com o mundo (e não com a pátria). Ele mantém a revolta e se apega à emigração, este ser que está livre de uma moradia fixa, engaja-se na mudança e no seu risco implícito. Mas essa moradia que abandona o imóvel e se torna dinâmica já pode ser percebida nas mudanças de nossas casas: Flusser observa já nos anos 1980 que as nossas paredes estão sendo vazadas por cabos que conectam o mundo em redes. Essa revolução informacional também abole a condição existencial que gerava a consciência triste. Não existe mais o interior das casas se opondo ao seu exterior. Agora o software vale mais do que o hardware.

Para concluir retomo a ideia flusseriana que via a dignidade do ser humano ligada e dependente da sua liberdade. Em um ensaio de 1984 chamado "Exil und Kreativität" ("Exílio e criatividade"), no qual ele novamente faz uma teoria positiva do *Vertriebene* (banido), ele apresenta o banido como aquele que primeiro pôde perceber que não somos árvores. Ele descobre que "talvez a dignidade humana consiste justamente em não possuir raízes." (Flusser 1994, 107; "er entdeckt, [...] dass vielleicht die menschliche Würde eben darin besteht, keine Wurzeln zu haben.") Nós lamentavelmente vivemos em um mundo no qual não apenas esta afirmação das raízes ainda é um mote constante na construção dos povos e das nações, como também, apesar de toda tempestade de informação, continua a se afirmar as diferenças como que "naturais" entre esses mesmos povos e culturas. A dialética que Flusser conhecia e descrevia tão bem, que permite a um povo hospedeiro transformar seus hóspedes em vítimas de sacrifícios (Flusser 1994, 109), infelizmente não para de se desdobrar na atualidade. Ainda oscilamos entre a tradição histórica e a pós-histórica. Se os intelectuais possuem ainda algum papel nos processos de circulação cultural, deve ser este de promover a diferença e a desconstrução das entidades identitárias sacralizadas. Ou seja, o pensador crítico deve se engajar na crítica da comunidade (ou sociedade) na mesma medida em que se engaja na construção da liberdade. Ele não deve permitir que o círculo de fogo da comunidade cave a fronteira entre os de dentro e os de fora (lembrando que esses "de fora" também estão sempre dentro das paredes da própria comunidade). Podemos apostar em uma vida

em comum que seja constante construção e desconstrução e na qual a comunidade no máximo seria uma
comunidade frágil e esburacada, sem paredes fixas.
Nesse mundo os indivíduos poderiam se tornar finalmente verdadeiros *homini ludens*, como também o
preconizou Benjamin ao tratar da "segunda técnica"
como um meio de emancipação criativa da humanidade. (Benjamin 2012) Permitam-me mais uma vez
citar Flusser aqui neste contexto, já que as palavras
dele são insubstituíveis: "Finalmente, ainda uma palavra sobre a tarefa do intelectual: ele deve ser aquele
inseto, que pica as pessoas, para abri-las para experiências e para motivar seus corpos e pensamentos
para mudanças de ponto de vista sem preconceitos."
(Flusser 1994, 84) Façamos dessa máxima um lume
para nossas discussões.

São Paulo, setembro/2011 - janeiro/2012

BIBLIOGRAFIA

ARENDT, Hanna. *Da Revolução*, trad. Fernando D. Vieira, São Paulo: Ática, Brasília: Editora UNB, 1988.

ARISTÓTELES. *La Poétique*, org. e trad. Roselyne Dupont-Roc e Jean Lallot, Paris: Seuil, 1980.

ARISTÓTELES. *Retórica das Paixões*, trad. Isis Borges B. da Fonseca, São Paulo: Martins Fontes, 2000.

ARISTÓTELES. *Poética*, trad. Eudoro de Sousa, Lisboa: Imprensa Nacional-Casa da Moeda, 7ª.ed., 2003.

ARISTOTLE. *The art of Rhetoric*, trad. J.H. Freese, London/Cambridge.Mass.: Harvard University Press, 1991.

BENJAMIN, Walter. "Zur Kritik der Gewalt", in: *Gesammelte Schriften*, org. por R. Tiedemann und H. Schweppenhäuser, Frankfurt a.M.: Suhrkamp, vol. II: *Aufsätze, Essays, Vorträge*, 1974. Pp. 179-203.

BENJAMIN, Walter. "Crítica da Violência. Crítica do Poder", trad. de Willi Bolle, in: W. Benjamin, *Documentos de Cultura, Documentos de Barbárie*, org. W. Bolle, S. Paulo: Cultrix/EDUSP, 1986, pp. 160-175.

BENJAMIN, Walter. *Origem do drama trágico alemão*, trad. João Barrento, Lisboa: Assírio&Alvim, 2004.

BENJAMIN, Walter. *A obra de arte na era de sua reprodutibilidade técnica*, trad. Gabriel Valladão Silva, Porto Alegre: L&PM, 2012.

BUFFON, Georges-Louis Leclerc. *Histoire Naturelle*, in: *Oeuvres*, Paris: Gallimard, 2007.

D'ALLONNES, Myriam Revault, *l'homme compassionnel*, Paris: Seuil, 2008.

DOIRON, Normand. "Terreur et supplication. La poétique aristotélicienne de la tragédie", in: *Poétique*, nº 151, septembre 2007. Pp. 279-288.

PLATÃO. *O banquete*, trad. Edson Bini, in: *Diálogos* Bauru, SP: Edipro, 2010.

DE QUINCEY, Thomas de. *Do assassinato como uma das belas artes*. Trad. Henrique de Araújo Mesquita, Porto Alegre: L&PM, 1985.

DIDEROT. "Paradoxo sobre o comediante", in: *Obras II. Estética, Poética e Contos*, trad. J. Guinsburg, 2000.

FLUSSER, Vilém. *Bodenlos. Eine philosophische Autobiographie*, Düsseldorf; Bensheim: Bollmann, 1992.

FLUSSER, Vilém. *Jude Sein. Essays, Briefe, Fiktionen*, org. por Stefan Bollmann e Edith Flusser, Düsseldorf; Bensheim: Bollmann, 1995.

FLUSSER, Vilém. *Zwiegespräche. Interwiews 1967-1991*, org. por Klaus Sander, Göttingen: European Photography, 1996.

FLUSSER, Vilém. *Bodenlos. Uma autobiografia filosófica*, São Paulo: Annablume, 2007.

FREUD, S. *O mal-estar na cultura*. Trad. Renato Zwick, revisão e introdução. M.Seligmann-Silva, Porto Alegre: L&PM, 2010.

FREUD, S. *Psicologia das massas e análise do eu e outros textos*, trad. Paulo Sousa, São Paulo: Cia das Letras, 2011.

GIRARD, René, *A Violência e o Sagrado*, São Paulo: Paz e Terra, 1990.

LACOUE-LABARTHE, Philippe; NANCY, Jean-Luc. *O mito nazista*, tradução Márcio Seligmann-Silva, São Paulo: Iluminuras, 2002.

ROUSSEAU, Jean-Jacques. *Oeuvres Complètes*, vol. III, Paris: Gallimard, 1964.

ROUSSEAU, Jean-Jacques. *Discurso sobre a origem e fundamentos da desigualdade entre os homens*, trad. M. de Campo, Mira-Sintra: Publicações Europa-América, 1976.

SELIGMANN-SILVA, M. "Do utopismo iluminista ao (anti) utopismo romântico: a crítica romântica da razão utópica", in: *Morus. Utopia e Renascimento*, número 6, 2009, pp. 307-323.

TÖNNIES, Ferdinand. *Comunidad y sociedad*, Buenos Aires: Losada, 1979.

CADERNOS ULTRAMARES